aceptación e inclusión. Lo que más disfruté es su introducción sobre 'Cómo usar este libro'. Catherine afirma: 'No es necesario leer este libro de principio a fin'. Facilita a los lectores encontrar exactamente lo que 'ellos' necesitan".

— Robert Tracy, M.A. – Buddy's World and Friends

Elogios al "Manual de habilidades sociales para el autismo"

"¡quién se podría imaginar que aprender habilidades sociales sería muy divertido! fotografiar catarinas, colocar calcomanías sobre tus cejas, filmar con tu celular, tocar instrumentos musicales, poner pompones de colores en botellas, dibujar autorretratos y aventar bolas de papel mojadas a la pared, se utilizan para ayudar en todo, desde hacer amigos hasta expresar ira. el 'manual de habilidades para el autismo' está lleno de actividades creativas y útiles y debe estar constantemente en manos de cualquiera que quiera mejorar la vida social de aquellos con un trastorno del espectro autista".

— Kathy Hoopmann,
autora de la serie All Cats Have Asperger Syndrome and the Spectrum.

"Un recurso increíble para enseñar habilidades sociales. Esta será una gran adición a mi biblioteca para compartir una y otra vez con amigos y colegas profesionales. Aprecié que tenía consejos incluso para nuestros amigos que no son verbales. Siendo madre de dos niños con un trastorno del espectro autista que no son verbales, no siempre veo este aspecto incluido; qué agradable sorpresa. Está presentado en una forma simple, con una gran cantidad de actividades divertidas y significativas para fomentar habilidades sociales más fuertes que ayudarán con las amistades. Creo que este es un recurso sólido".

— Shelli Allen,
presidenta de Steps Care Inc.

¡Catherine Pascuas lo volvió a hacer! La autora del podcast "The Autism Show" realmente comprende las habilidades que nuestros hijos necesitan para funcionar. Este libro está lleno de ideas que involucrarán y ayudarán a las personas con autismo a aprender habilidades esenciales. Desde leer señales sociales hasta lidiar con el acoso escolar, los lectores se sentirán empoderados con actividades divertidas y funcionales".

— Cara Koscinski, MOT, OTR/L,
terapeuta ocupacional de The Pocket,
autora de la "Guía para padres sobre terapia ocupacional para el autismo"

"Aprender habilidades sociales y hacer amigos son algunas de las cosas más importantes que podemos enseñarles a nuestros hijos. La calidad de vida, tanto de niño como de adulto, depende de esas habilidades. Hasta ahora, ha habido un vacío en la literatura que aborda estos temas de manera práctica. En el 'Manual de habilidades sociales para el autismo', Catherine Pascuas nuevamente honra al lector con una increíble guía. Este libro es fácil de usar, es práctico, divertido y perspicaz. Me pareció organizado, completo y fácil de implementar. Al tiempo que reconoce la personalidad única de cada niño, ella crea estrategias para elevar las habilidades y la confianza de cualquier niño. Sus planes de lecciones están bien diseñados para abordar cuestiones tan importantes como poder calmarse solo, espacio personal, indicaciones de las señales sociales y bullying. Este libro debería ser un pilar en la biblioteca de consejeros, maestros y padres. Cualquier persona que trabaje con niños que se enfrenten a desafíos con las habilidades sociales recomendará este libro una y otra vez. ¡Como la autora lo menciona en este libro, usa estas estrategias, diviértete y luego compártelo con otros!".

— Linda Barboa, PhD

"El 'Manual de habilidades sociales para el autismo' ofrece a las familias actividades y estrategias fantásticas para cada desafío que enfrenta nuestra comunidad. Ya sea neurotípica o atípica, Catherine Pascuas proporciona una hoja de ruta tanto para adaptarse a los desafíos como para una mayor conciencia,

MANUAL DE
HABILIDADES SOCIALES
PARA EL AUTISMO

*Actividades para ayudar a los niños a aprender
habilidades sociales y hacer amigos*

CATHERINE PASCUAS

Ilustraciones de J.A. Tan

Edx Autism Publishing
www.autismhandbooks.com

Visita el sitio web del libro. ¡Los comentarios y las nuevas ideas son bienvenidos!

www.autismhandbooks.com

ISBN: 978-0-9951576-8-2
eISBN: 978-0-9951576-9-9

Tabla de contenido

Prefacio

Los niños y adolescentes con trastorno del espectro autista (TEA) sufren de algún nivel de déficit de habilidades sociales. Los problemas de funcionamiento social se descubren a través de un diagnóstico de TEA y se convierten en un sello distintivo del desafío para aquellos con TEA. La mayoría de los profesionales que trabajan con niños y adolescentes con TEA se encuentran abordando una variedad de déficits de habilidades sociales, especialmente aquellos que tienen el mayor impacto en la capacidad de funcionamiento del niño. En mi trabajo con niños y adolescentes afectados por TEA, a menudo abordo problemas de habilidades sociales en mis objetivos de tratamiento. El nivel y la cantidad de carencia de habilidades sociales pueden variar; algunos niños con TEA pueden tener déficits severos que luchan con habilidades simples que las personas neurotípicas encuentran muy fáciles de aprender, mientras que otros niños con TEA pueden tener varias fortalezas de habilidades sociales y tener solo unas pocas áreas específicas de esfuerzo.

Los niños y adolescentes con TEA se encuentran con situaciones cotidianas donde se les exige que desarrollen habilidades sociales para interactuar, lograr objetivos, ser incluidos y ser una persona funcional. La necesidad de una capacitación y terapia de habilidades sociales efectivas para ayudar a los niños con TEA es vital. Catherine Pascuas ha escrito un libro de habilidades sociales completo y fácil de implementar para abordar los déficits de habilidades sociales con los que tienen dificultades los niños y adolescentes con TEA.

El "Manual de habilidades sociales para el autismo: actividades para ayudar a los niños a aprender habilidades sociales y hacer amigos" cubre todas las áreas principales con las que los niños y adolescentes con TEA comúnmente tienen dificultades, incluyendo hacer amigos, ser parte de un grupo, resolver problemas, comunicación no verbal y expresar sentimientos. Mientras leía este libro, me sorprendió lo bien que Catherine había cubierto los problemas diarios de habilidades sociales que enfrentan los niños con TEA. Todas las áreas en las que a menudo me encuentro trabajando con mis clientes con TEA se incluyen en este manual. Dentro de cada categoría hay varias técnicas para mejorar la capacidad de habilidad social en esa área. Las técnicas son claras y escritas cuidadosamente para mejorar el funcionamiento de las habilidades sociales. He comenzado a usar las técnicas que se encuentran en este maravilloso recurso, enseñándolas tanto a niños como a padres y ya he visto resultados positivos.

Catherine tiene un amplio conocimiento de TEA y lo ha utilizado para crear un recurso muy necesario para ayudar a los niños y adolescentes a mejorar su capacidad de habilidad social. Esto es muy noble, ya que muchas personas con TEA se esfuerzan por tener la mejor calidad de vida a pesar de los déficits de habilidades sociales. Los profesionales y los padres encontrarán que este manual es esencial para ayudarlos a trabajar con niños con dificultades de habilidades sociales. Estoy muy impresionado con el producto final. Estoy emocionado de que tanto los profesionales que trabajan con niños con TEA como los padres de niños con TEA tengan este recurso disponible para ayudar a mejorar los déficits de habilidades sociales.

Dr. Robert Jason Grant
Consejero profesional certificado, creador de la terapia AutPlay®
Autor de la terapia AutPlay para niños y adolescentes con un trastorno del espectro autista.

Introducción

Si eres padre de familia o trabajas con niños con un trastorno del espectro autista que tiene dificultades con habilidades sociales, este libro es para ti.

Al trabajar individualmente con niños y adolescentes en edad escolar con un trastorno del espectro autista, he visto la necesidad de actividades e ideas simples que puedan ayudar a los niños a aprender habilidades sociales importantes que los ayuden a conectarse con sus compañeros, y así aprender habilidades para el futuro.

La mayoría de las ideas en este libro han sido aportadas por varios educadores que enseñan y dirigen grupos de habilidades sociales a niños y adolescentes con un trastorno del espectro.

También notarás algunos dibujos incluidos para las actividades en este manual. Estos dibujos fueron creados por un joven artista con un trastorno del espectro autista, J.A. Es conocido principalmente por sus pinturas y esta es su primera incursión en el dibujo.

Espero que este libro sea un recurso valioso para tu familia o los niños con los que trabajas. Este libro contiene actividades fáciles de implementar para ayudar a los niños a desarrollar habilidades sociales.

Cada niño con un trastorno del espectro es único, así que asegúrate de adaptar las actividades para que coincidan con su edad o etapa de desarrollo.

¡Diviértete!

Cómo usar este libro

Este libro está organizado de manera simple, por lo que no tienes que leerlo de principio a fin (a menos que así lo desees). En lugar de eso, puedes echarle un vistazo a la tabla de contenido y elegir qué habilidades sociales serían más útiles para que el niño o niña las practique.

Aquí hay algunas normas a seguir:

No es necesario leer este libro de principio a fin. Cada niño con un trastorno del espectro autista tiene sus fortalezas y enfrenta desafíos únicos con las habilidades sociales. No todas las actividades en este libro se adaptarán a las necesidades de tu hijo o hija (o estudiante). ¡Esto es algo bueno para ti! Puedes elegir las actividades que mejor se adapten para ayudarle a desarrollar las habilidades sociales que necesitan práctica, mientras ignoras el resto del libro. Una vez que selecciones una actividad, no tengas miedo de hacer las adaptaciones necesarias para que coincida con el nivel de desarrollo o habilidad del niño o niña. Explora la tabla de contenido para encontrar una actividad que le ayudará a alcanzar una meta, ¡y a comenzar!

No seas la única persona en leer este libro. ¿Conoces a un padre o maestro que podría usar algunas ideas para actividades de habilidades sociales? Comparte este libro con ellos. Puede ser fácil quedarse sin ideas nuevas para mantener a los niños interesados. Este libro de actividades también es ideal para niñeras o tutores en el hogar. ¡Compartir es demostrar interés! Siempre estamos abiertos a nuevas ideas. ¿Tienes una idea para una actividad social? Envía tu idea a info@autismhandbooks.com. Este libro evolucionará con tus comentarios. Esperamos tener más actividades listas para la segunda versión.

¡Hazlo divertido! Recuerda hacer las actividades divertidas para los niños. ¡Es difícil aprender nuevas habilidades si un niño no presta atención!

CAPÍTULO 1

Haciendo Amigos

Saludos y presentaciones

Las primeras impresiones son importantes. Las presentaciones y saludos adecuados son fundamentales para hacer amigos. Muchos niños con un trastorno del espectro autista necesitan una mano extra para aprender a saludar a los demás. Es una habilidad para toda la vida, y tendrán muchas oportunidades para practicar.

1. **Explica:** Cuando conozcas a alguien nuevo, puedes ponerte de pie, tener contacto visual con la persona que estés saludando, sonreír y decir: «Hola. Me llamo ___»

2. **Practica**. Si hay un grupo de niños, puedes hacer que los niños trabajen juntos y tomen turnos para presentarse. Desempeña un papel con el niño o niña mientras practican a presentarse el uno al otro.

Video divertido

El uso de un video modelo puede ser una forma divertida de aprender saludos y presentaciones. En esta actividad, grabarás un video del niño o niña y luego lo revisarás para enseñarle la técnica de saludo adecuada.

Lo que necesitas:

- Una cámara de un teléfono celular (o cualquier dispositivo para tomar videos)

Pasos:

1. Monta un escenario en el que alguien toque a tu puerta mientras grabas todo el proceso.

2. Deja que el niño o niña abra la puerta, salude a la persona y luego entable una conversación con esa persona. Por ejemplo, puedes hacer que diga: «Hola _____, ¿cómo estás?».

3. Una vez que hayan completado el saludo, revisen el video juntos y discutan lo que salió bien y las áreas a mejorar.

4. Si el niño o niña no es muy grande y no ha tenido mucha práctica con los saludos, primero puedes mostrarle un ejemplo de cómo saludar y grabar el ejemplo en video. Enséñale el video antes de que él o ella intente hacer un saludo sin ayuda.

El juego de los nombres

Dicen que el sonido del nombre de alguien es música para sus oídos. Recordar nombres es un primer paso importante para aprender a hacer amigos. A veces, los niños pueden sentirse demasiado ansiosos por conocer a alguien y terminan olvidando su nombre.

Este es un gran juego para el inicio del año escolar para ayudar a los niños a recordar los nombres de sus compañeros de clase. También es una gran actividad grupal.

1. Pídeles a los alumnos que se presenten diciendo sus nombres. La segunda información que compartirán es revelar lo que dice una prenda de vestir sobre ellos. Por ejemplo: «Soy Matt y la camiseta que llevo tiene un estampado de superhéroe que es mi favorito».

2. Ayuda a los niños a recordar los nombres de otros con una técnica de visualización. Por ejemplo, pueden usar una prenda de vestir para ayudarlos a recordar el nombre de un niño o, si el nombre del niño es Ángel, pueden imaginarse que unas alas que salen de su espalda, etc.

Aprendiendo sobre pasatiempos e intereses

Esta actividad de discusión ayudará a los niños a aprender sobre los pasatiempos e intereses de las personas y reconocer que otros pueden tener intereses similares o diferentes. Es una excelente manera de prepararse para situaciones sociales a lo largo de la vida.

Qué necesitas:

- Pluma

- Papel

Pasos:

1. Pídele al niño o niña que mire a un compañero o miembro del grupo.

2. Dile que note la forma en que otros pueden tener diferencias o similitudes.

3. Escríbelas en el papel.

4. Discute y explica: Muchos grupos tienen algo en común. Por ejemplo, los compañeros de clase pueden estar en el mismo grupo de edad o pueden estar aprendiendo los mismos temas. Los miembros de un club de informática pueden estar interesados en tecnología. Ten en cuenta que los miembros de un grupo pueden tener sus propios intereses individuales.

Hablando de intereses compartidos

Todos tienen diferentes intereses y preferencias que son únicos para ellos. A lo largo de la vida, utilizamos intereses y similitudes compartidos para conectarnos con los demás. Esta actividad ayudará a los niños a aprender acerca de las similitudes mientras comprenden las diferencias entre los compañeros. Esta actividad explora las cosas favoritas de las personas mientras ayuda a los niños a encontrar similitudes. Usa esta actividad en el salón de clases o grupo de juego para ayudar a los niños a encontrar un tema compartido sobre el cual hablar.

Pasos:

1. En un pizarrón o en una hoja de papel grande, enumera las siguientes categorías (deja suficiente espacio para agregar nombres y detalles debajo de cada categoría):

    a. Deportes.

    b. Pasatiempos.

    c. Materias favoritas.

    d. Comidas favoritas.

    e. Música.

2. Pídeles a los niños que tomen turnos para compartir sus cosas favoritas en cada categoría. Debajo de cada categoría, escribe el nombre y el interés del niño o niña. Si dos o más niños mencionan lo mismo en una categoría, ponlos juntos.

3. Una vez que todos en el grupo hayan tenido la oportunidad de compartir sus intereses, permite que los niños formen grupos alrededor de sus intereses compartidos y hablen sobre ellos.

Aprendiendo sobre las personas

Interesarse en los demás es un paso importante para hacer amigos. Aprender pequeños fragmentos de información puede ayudar a los niños a construir una relación con sus compañeros, familiares y otros. Prueba esta actividad en grupo.

Pasos:

1. Pídeles a los niños que se sienten en círculo.

2. Habla con la persona que está a tu derecha y estrecha su mano. Dile a esa persona algo acerca de ti. Por ejemplo, podrías decir: «Mi nombre es señorita Smith y mi comida favorita es el espagueti».

3. El niño que fue saludado por ti (facilitador) se voltea hacia el niño o niña a su derecha para decir: «Mi nombre es _____» y comparte un detalle personal.

4. Una vez que todos en el círculo han tenido un turno, el facilitador lanza una pelota pequeña a una persona. El facilitador debe decir el nombre del niño o niña y los detalles personales que ese niño o niña compartió.

5. Este niño o niña luego lanza la pelota a otro y debe recordar el nombre del niño y los detalles personales compartidos.

El juego del álbum de fotos

Cuando la información se presenta con un componente visual, puede hacer que esta sea más fácil de recordar. Algunos niños con un trastorno del espectro necesitan ayuda adicional para recordar información social importante. En esta actividad, usarás imágenes atractivas para ayudar a los niños a aprender datos sobre miembros de la familia o niños en el grupo de compañeros.

Qué necesitas:

1. Álbum de fotos de tu hijo o hija o de un amigo o familiar

Pasos:

1. Invita a un amigo o familiar y pídele que traiga un álbum de fotos (también ten listo un álbum de fotos del niño o niña).

2. Pídeles a los niños que intercambien álbumes de fotos y miren todas las fotos que contienen. Anímalos a hacer preguntas sobre las fotos que ven.

3. Una vez que hayan hecho eso, es hora de hacer un cuestionario para ver quién puede recordar la mayoría de los hechos sobre el otro niño o niña.

4. Haz preguntas y cuenta quién obtiene la mayoría de las respuestas correctas. Esa persona será la ganadora del juego. Asegúrate de recompensar al otro niño o niña también por su buen esfuerzo.

Dando cumplidos

La gente siempre recordará cómo los hiciste sentir. Enseñarles a los niños con un trastorno del espectro autista a dar cumplidos apropiados puede ser una habilidad útil al hacer amigos y desarrollar relaciones. Los cumplidos pueden ayudar a las personas a sentirse bien consigo mismos. También ayudarán a los niños a apreciar las buenas cualidades de otra persona.

Explícale al niño o niña que puede felicitar a alguien por su aspecto, algo que le pertenece o algo sobre sus cualidades o personalidad, como por ejemplo, ser divertido, fuerte, inteligente, etc.

Esta actividad se puede realizar uno a uno con el niño o niña o en grupos.

1. Si hay un grupo de niños, pídeles a los niños que hagan grupos de dos.

2. Pídeles a los niños que le den un cumplido sincero a su compañero. Por ejemplo: «Realmente me gusta tu suéter».

3. Pídele al niño que recibe el cumplido que diga "gracias".

4. Pídeles a los niños que cambien de turno hasta que todos los niños hayan dado y recibido un cumplido.

Preguntas de discusión adicionales:

¿Cuál fue el mejor cumplido que recibiste?

¿Cómo te hizo sentir recibir un cumplido?

¿Cómo te sentiste al dar un cumplido?

CAPÍTULO 2

Comunicación Verbal

Control del volumen de la voz

Algunos niños con los que he trabajado con un trastorno del espectro autista han tenido dificultades para controlar el volumen de su voz. Algunos de estos estudiantes hablan muy alto cuando se sientan en una mesa al lado de sus maestros. Mientras que algunos niños pueden controlar del volumen de su voz naturalmente, muchos otros con un trastorno del espectro autista necesitan un poco de ayuda para comprender el control del volumen de la voz.

1. **Comienza una discusión.** Pregúntale al niño o niña por qué es importante usar el volumen de voz apropiado en diferentes situaciones, como en el aula, durante el recreo o en el patio de recreo.

2. **Explica:** Hay tres volúmenes básicos: suave, regular y fuerte. Diferentes situaciones requieren diferentes niveles de volumen de voz. Elegir hablar en voz alta en un lugar tranquilo o tan bajo que los otros no pueden escuchar, puede hacer que las personas se sientan incómodas.

3. **Practica** con los tres niveles de volumen. Toma turnos con el niño o niña.

4. **Ejercicio:** Resume diferentes situaciones que requieran diferentes volúmenes de voz y escríbelas en una hoja de papel. Por ejemplo, sentarse a la mesa con un tutor, hablar con un vecino al aire libre, hacer una pregunta en el salón de clases, jugar a los encantados con amigos durante el recreo, etc. Trata de elegir situaciones que sean relevantes para las rutinas diarias del niño o niña en el hogar, en la escuela o en la comunidad. Pídele que escriba el volumen de voz apropiado (suave, regular o alto) al lado de la situación.

5. **Discute** por qué eligió esas respuestas.

Lectura del tono de la voz

Todos han tenido que tratar con un amigo o familiar que usa un tono de voz condescendiente. Es importante enseñar a los niños no solo a decir cosas apropiadas, sino también a usar un tono de voz apropiado. Esto es parte de la comunicación emocional. El tono de voz puede comunicar cómo te sientes. Es una manera fácil de cambiar el significado de lo que se está tratando de decir. Es igualmente importante enseñar a los niños a reconocer la importancia de cómo se dicen las cosas y no solo qué se dice.

1. Dale al niño o niña ejemplos de diferentes tonos de voz. Por ejemplo, podrías tratar de expresar diferentes frases en un tono aburrido, feliz, sorprendido o enojado.

2. Comida favorita: Pídele que diga: "Me encanta [inserta su comida favorita aquí]" en un tono alegre. Luego, se turnan para decir la frase en un tono aburrido. ¿Cuál suena más sincera?

3. Hacer cumplidos: Pídale que diga: "¡Creo que tu sombrero (u otra prenda de vestir) es genial!", en un tono halagador o amigable. Luego pídele una declaración similar en un tono sorprendido. ¿Cuál suena más sincero?

4. Hacer las tareas domésticas: Pídele que diga: "¡Tengo tantas tareas que hacer!" en un tono alegre. Luego, que diga: "¡Tengo tantas tareas que hacer!" en un tono infeliz apropiado. Discuta cómo el tono de voz afecta el significado de lo que se dice.

Entonación

Algunos niños con un trastorno del espectro autista tienden a usar una voz monótona. Esta simple actividad teatral ayudará al niño o niña a usar diferentes entonaciones de voz. Es un gran juego para los niños que disfrutan del teatro.

1. Encuentra en internet un libreto o guion para dos personas que sea simple, corto y adecuado para el nivel de desarrollo del niño o niña. Si no puede encontrar un guion, puedes escribir uno propio.

2. Lee la obra junto con el niño o niña y pídele que elija un personaje para interpretar.

3. Pídele que escoja disfraces o accesorios para la presentación.

4. Practiquen leyendo la obra de teatro juntos y pídele que cambie su voz para mostrar las diferentes emociones del personaje.

5. Una vez que el niño o niña comience a usar diferentes entonaciones para representar al personaje, pídele que actúe frente a los miembros de la familia.

Hacer y responder preguntas personales

Interesarse en los demás es uno de los pasos básicos para ser social. Este juego de personajes es una excelente manera de hacer que los niños practiquen la comunicación y la interacción mientras hacen y responden preguntas personales. Este juego se convertirá rápidamente en su favorito si al niño o niña le interesan los personajes de dibujos animados.

Parte I. Preparación.

1. Busca imágenes en línea de personajes de dibujos animados.

2. Imprime las imágenes de los personajes de dibujos animados favoritos del niño o niña.

3. Pega la imagen de la caricatura en un palo para sostenerla en la cara (o simplemente sostén la imagen impresa sobre tu cara durante la entrevista).

4. Haz varios ejemplos de preguntas que el niño o niña pueda hacerles a los personajes de dibujos animados. Por ejemplo: "¿Dónde vives?" o "¿Cuál es tu nombre de superhéroe?". Escribe las preguntas en una tarjeta.

Parte II. Entrevista.

1. Coloca dos sillas, una frente a la otra, para la entrevista. El niño o niña se sienta en una silla y tú te sentarás al frente en la otra silla.

2. Sostén una caricatura impresa y dile al niño o niña que finja que tú eres el personaje de la caricatura.

3. Permite que le haga al personaje de dibujos animados las preguntas que se prepararon en la parte I.

4. Repite el proceso de entrevista para todos los personajes mientras te turnas con el niño o niña como personaje de dibujos animados.

Compartir fotos

Tomen turnos para hablar y escuchar a tu niño con este juego interactivo para compartir fotos. Este es un gran juego para niños, con el cual puedes tener diálogos simples. Todo lo que necesitas es tu teléfono inteligente para tomar fotografías (o una cámara digital).

Muchos niños disfrutan los paseos por la naturaleza. Este juego es una excelente manera de pasar tiempo al aire libre y aprender a tener una conversación.

1. Realiza una breve caminata por el vecindario o hasta a tu parque local. Toma fotografías de cosas que tú o el niño o niña encuentren interesantes. Por ejemplo, puede que a ti te interese una catarina y al niño le llame la atención una ramita en el suelo.

2. Después de la caminata por la naturaleza, miren las fotos.

3. Explíquense entre sí por qué decidieron tomar esa fotografía y por qué creen que el objeto en la imagen es interesante.

4. Una vez que hayas completado el ejercicio de la caminata por la naturaleza, puedes intentar realizar un recorrido fotográfico en diferentes entornos, como el zoológico o una tienda de comestibles.

CAPÍTULO 3

Comunicación no verbal

Haciendo contacto visual

Hacer contacto visual es una habilidad social que conduce a interacciones positivas. Para algunos niños con un trastorno del espectro autista, las capacidades de procesamiento visual aumentadas pueden dificultar el establecimiento o el mantenimiento del contacto visual al comunicarse. Aun así, muchas personas suponen que el oyente no está procesando lo que se dice a menos que haya algún tipo de contacto visual. Esto lo convierte en una habilidad social importante. Con algo de práctica y comprensión, los niños con un trastorno del espectro autista pueden aprender a hacer contacto visual cuando sea necesario. Usa esta simple actividad para ayudar a tu niño o niña a hacer contacto visual.

1. Dile al niño o niña que es importante mirar a los ojos de la persona con la que está hablando. Explícale que si no quiere mirar a la persona a los ojos, puede intentar mirar su frente. Recuérdale que cuando sea su turno de hablar, ¡otros mirarán!

2. Coloca calcomanías de colores sobre tus cejas cuando tengas una conversación con el niño o niña.

3. Esto le recordará que te mire a los ojos cuando te hable.

Identificar expresiones faciales

Identificar expresiones faciales es una parte importante de la comunicación emocional. Las expresiones faciales pueden mostrarte cómo se siente una persona. A menudo, estas expresiones pueden brindarte más información que las palabras que dice la gente. Es posible que puedas saber si una persona está enojada, feliz o triste sin escuchar ninguna palabra y con solo ver la expresión de su rostro.

En esta actividad, estudiaremos varios escenarios. Luego, el niño o niña hará una expresión facial apropiada en respuesta a los diversos escenarios.

Aquí hay algunos ejemplos de escenarios:

1. Tu amigo en la escuela te dice una mañana que su hámster falleció.

2. Te levantas una mañana y tu madre te dice que no irás a la escuela ese día.

Piensa en ejemplos de escenarios adicionales que se apliquen a la vida del niño o niña.

Alternativa:

Abre un libro ilustrado.

Encuentra diferentes personajes en el libro ilustrado con diferentes expresiones faciales.

Discute cómo se pueden sentir.

Gestos no verbales

El uso de gestos puede desempeñar un papel importante en la comunicación no verbal. Los gestos pueden usarse para mejorar nuestros mensajes verbales. Ejemplos de gestos en la comunicación cotidiana pueden ser saludar con la mano, cruzar los brazos y extender la mano para un apretón de manos. Puede ser fácil prestar más atención a las palabras que las personas dicen, pero poner atención a los gestos puede darte pistas importantes sobre lo que las personas pueden estar sintiendo. En esta actividad, los niños pueden tener la oportunidad de representar diferentes gestos y tener una discusión sobre qué pueden querer decir.

1. Escribe algunos gestos comunes en una hoja de papel. Aquí hay algunos gestos que puedes intentar.

    a. Cruzar tus brazos.

    b. Encogerte de hombros

    c. Agitar tu mano como saludo

    d. Extender la mano con la palma hacia afuera (como si fueras a estrechar la mano de alguien).

    e. Levantar la mano con la palma hacia arriba (como si le estuvieras diciendo a alguien que se detenga)

    f. Asentir con la cabeza

    g. Sacudir tu cabeza

    h. Cabeza abajo, barbilla abajo

    i. Manos en tus caderas

2. Coloca los trozos de papel en una bolsa o canasta.

3. Tomen turnos para sacar un papel de la bolsa y representar diferentes gestos con el niño o niña. Como facilitador, puedes comenzar.

4. Pídele que conteste estas preguntas por cada gesto que realice.

   a. ¿Qué significa este gesto?

   b. ¿Cuándo podría usarse este gesto?

   c. ¿Cómo crees que se siente la persona que hace el gesto?

Espacio personal

Muchos niños tendrán una comprensión intrínseca del espacio personal. Pero algunos niños que luchan con las habilidades sociales pueden molestar a sus compañeros si se mantienen demasiado cerca durante una conversación.

Aprender sobre el espacio personal puede ser una habilidad importante para que los niños con un trastorno del espectro autista aprendan a evitar situaciones incómodas a una edad temprana. Si un niño permanece demasiado cerca durante una conversación individual con otro niño, es posible que no sienta la incomodidad que siente su compañero. Prueba la siguiente actividad para enseñar sobre el espacio personal:

1. Pídele al niño o niña que se pare a más o menos medio metro de distancia de ti.

2. Pregúntale cómo se siente a esa distancia. ¿Siente comodidad o incomodidad?

3. Luego, dile que camine hacia ti hasta que sienta que está demasiado cerca.

4. Explícale que esta sensación incómoda de estar demasiado cerca es lo que otros sentirán si él o ella está demasiado cerca. Dile que otro niño puede necesitar más espacio personal para sentirse cómodo.

5. Usa un hula-hoop, una raqueta de tenis o un objeto similar para mostrarle al niño o niña que mantener una distancia de aproximadamente 45 a 60 centímetros es una buena cantidad de espacio cuando tiene una conversación.

6. Haz que los familiares o amigos del niño o niña practiquen a pararse demasiado cerca y a la distancia correcta. Toma videos de varios

escenarios para revisar y discutir con el niño o niña. Esto le ayudará a tener una idea clara sobre el espacio personal apropiado.

7. Ayúdale a comprender las señales sociales que pueden mostrar que una persona se siente incómoda si está demasiado cerca. Por ejemplo, si la otra persona da un paso atrás, podría significar que necesita más espacio personal y que el niño o niña debe permanecer en su lugar. ¿Cuáles son otras señales sociales que pueden mostrar que alguien se siente incómodo con la cantidad de espacio personal? Discútelo con el niño o niña.

La cuerda conectada

Al caminar junto con otros niños, un niño con TEA puede no cumplir con las reglas tácitas sobre el espacio personal. A menudo, algunos niños con TEA pueden salir corriendo, mientras que otros pueden quedarse perdidos en sus pensamientos y admirar algo que han encontrado. En esta actividad, buscamos ayudar a los niños a mantener la cantidad de espacio entre ellos y otros usando una cuerda para mostrarles a los niños qué están demasiado adelante o demasiado atrás.

Qué necesitas:

1. Una cuerda de unos cuatro metros y medio de largo.

Qué hacer:

1. Usa la cuerda para demostrar una buena distancia al caminar junto con un amigo. Puedes decir: «Cuando las personas están juntas en una caminata, es como si estuvieran conectadas por una cuerda. Aunque todos caminan por separado, también caminan juntos. Si te atrasas demasiado, tal vez tengan algo interesante que decirte o mostrarte, y estarías muy lejos para escucharlos. Pueden sentir que los estás retrasando. Si corres, las personas con las que estás pueden sentir que estás tratando de alejarte de ellos o apurarlos. Cuando camines con tus amigos, trata de mantenerte a una distancia cercana».

2. Ahora es el momento de salir a caminar. Usa la cuerda y coloca a amigos y familiares en diferentes puntos a lo largo de la cuerda. Si alguien se adelanta o se queda atrás, "ayúdale a seguir el paso" y recuérdale que necesitan estar conectados entre sí.

Lenguaje corporal y postura

La forma en que te paras, tu postura, puede darles a las personas muchas pistas sobre cómo te estas sintiendo. Si te sientes nervioso, es posible que no estés parado derecho. Si te encorvas durante una conversación, tu postura podría estar enviando el mensaje de que no estás prestando atención a lo que dice la otra persona. Esta actividad está destinada a ayudar a los niños con un trastorno del espectro autista a ser más conscientes de sí mismos y aprender sobre la comunicación emocional utilizando el lenguaje corporal y la postura apropiados.

Puedes realizar esta actividad con un niño o niña o en grupo.

1. Escribe las siguientes frases en una hoja de papel. Agrega cualquier otro escenario que pueda ser relevante para el niño o niña o cualquier otro que puedas imaginar.

    a. Haciendo la tarea

    b. Leyendo

    c. Hablando con un amigo por teléfono

    d. Cenando con la familia

    e. En la oficina del director

    f. Hablando con un maestro

    g. Hablando con alguien que acabas de conocer

    h. Leyendo en casa

Pídele que elija un pedazo de papel y actúe cómo se pararía, se sentaría o mostraría cualquier otro tipo de postura corporal o lenguaje apropiado para la situación.

Asegúrate de discutir con el niño o niña si está usando la postura corporal adecuada y por qué.

Tomen turnos para representar diferentes escenarios.

Identificar las señales sociales

Los niños con un trastorno del espectro autista a menudo tienen dificultades con para identificar las señales sociales básicas. Aquí hay una actividad divertida para enseñar a los niños a identificar las señales sociales de los adultos. Esta también es una gran actividad para los niños que pueden necesitar ayuda para aprender a seguir instrucciones.

Qué necesitas:

1. Instrumentos musicales para todos en el grupo.

Pasos:

1. Dale un instrumento musical a cada miembro del grupo. Pídele a un líder que se pare frente al grupo.

2. Infórmale al grupo que no todos tocarán sus instrumentos al mismo tiempo. Tendrán que esperar hasta que el líder les de la señal antes de comenzar a tocar su instrumento. Deben dejar de tocar cuando el líder se los indique y sacuda la cabeza.

3. Siéntate en círculo con todos y pídele al líder que practique las señales que les va a hacer a sus compañeros y a sacudir la cabeza.

CAPÍTULO 4

Expresando sentimientos

Identificando las emociones

A las personas les gusta sentirse comprendidas y sentir que te importan ellos y sus sentimientos. Puedes aprender mucho sobre cómo se sienten las personas al mirar sus rostros. Cuando tienes una idea de cómo se siente alguien, puedes decidir una forma adecuada de actuar hacia esa persona. Saber cómo se siente alguien más es una parte importante de la comunicación emocional y muestra que te importan los sentimientos de otra persona.

En otras palabras, mostrar empatía.

1. Escribe las siguientes emociones, o las que consideras apropiadas, en pequeños trozos de papel y colócalos en una bolsa o canasta:

    a. Alegre

    b. Enojado

    c. Trastornado

    d. Asustado

    e. Decepcionado

    f. Orgulloso

    g. Confundido

    h. Disgustado

2. Pídele al niño o niña que escoja un papel de la canasta. Pregúntale: «Si tu amigo se sintiera de esa manera, ¿cómo se vería su rostro? ¿Mostraría algún gesto?».

3. Tomen turnos para representar diferentes expresiones faciales y gestos para las diferentes emociones que sacan de la bolsa.

El diario de los sentimientos

A menudo, los niños con un trastorno del espectro autista pueden parecer que actúan negativamente, tal vez arrojando un juguete, gritando o incluso repitiendo una frase cuando están tristes, frustrados o enojados. Al enseñar conciencia emocional, los niños pueden aprender a ponerles una etiqueta a sus sentimientos y tratarlos adecuadamente. Este ejercicio está destinado a hacer que los niños amplíen sus sentimientos más allá de los sentimientos básicos de tristeza, felicidad y enojo con los que el niño ya puede estar familiarizado.

1. En un diario, agrega la siguiente lista de emociones. Siéntete libre de agregar cualquier otra emoción que el niño o niña pueda experimentar durante el día.

- Triste

    o   Desanimado

    o   Deprimido

    o   Herido

    o   Incómodo

- Feliz

    o   Emocionado

    o   Alegre

    o   Cómodo

    o   Relajado

    o   Satisfecho

    o   Orgulloso

- Asustado

o Avergonzado

o Nervioso

o Ansioso

o Confundido

2. Reserva una página del diario para cada día. Deja espacio para 3 oraciones en una página.

Hoy me sentí _____ porque _____.

Pídele al niño o niña que complete los espacios en blanco con un sentimiento específico. Ayúdale a comprender que una persona pasará por diferentes sentimientos en un día. Es posible que debas repasar algunas definiciones y ejemplos de sentimientos si el niño o niña no está familiarizado con estos términos.

Por ejemplo:

Hoy me sentí nervioso **porque** tuve que leer mi discurso frente a la clase.

Hablemos de los sentimientos

Hablar sobre cómo te sientes puede hacerte sentir mejor y puede ayudarte a sobrellevarlo. Reconocer cómo te sientes durante el día y aprender a expresar tus sentimientos es una habilidad social importante que debes dominar. Compartir tus sentimientos con alguien de confianza puede hacerte sentir mejor. Es un paso importante para llevarse bien con los demás.

1. Estudia diferentes escenarios con el niño o niña que puedan provocar emociones fuertes y anótalos en una lista. Por ejemplo:

    - Tu mamá estaba enojada contigo por no concentrarte en hacer tu tarea.

    - Obtuviste una mala calificación en un examen.

    - Obtuviste una puntuación perfecta en un examen.

    - Un compañero de clase se burló de ti en la escuela.

    - Perdiste tu tarea.

    - Tu mejor amigo llega a tu fiesta de cumpleaños.

    - Tu mejor amigo no puede venir a tu fiesta.

2. Discute qué pasaría en cualquiera de estos escenarios.

3. Imagínatelo con los siguientes datos:

Me siento _____ porque _____.

4. Cuando un niño o niña siente molestia o enojo, puedes ayudarle a explicar cómo se siente con una ilustración. Me siento_____ porque _____.

Tener el control de tus sentimientos

Cuando te enojas, es fácil echarles la culpa a los demás. Esto no fomenta la comunicación abierta. Echarle la culpa a alguien a menudo también hará que se enoje la gente, dejando a todos con sentimientos heridos. Aprender a decirles adecuadamente a las personas cómo te sientes evitará confrontaciones o palabras hirientes. Dejar que otros sepan cómo te sientes te ayudará a estar en control de tus sentimientos en lugar de culpar a los demás.

Así es como funciona el mensaje de control:

Me siento ___ (inserta el sentimiento aquí) ___ cuando ___ (describe lo que hizo la otra persona que te hizo sentir así) _____ porque _____ y quiero ___ (lo que puede hacer que la situación mejore) _____.

Por ejemplo, imagina que Sara sigue golpeando a un niño en el hombro. El niño puede decir:

Me hace enojar cuando me golpeas en el hombro porque te pedí que no lo hicieras y quiero que te disculpes y dejes de pegarme.

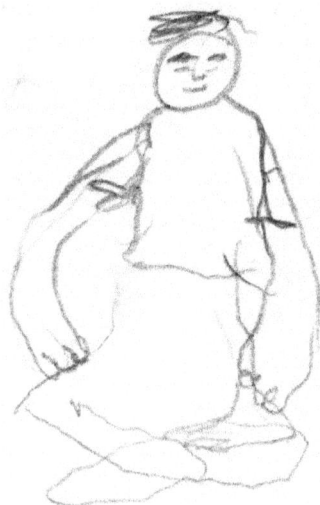

Empatía

Ponerse en el lugar de otra persona puede ayudarte a comprender cómo se siente esa persona. En este ejercicio, los niños aprenderán qué es la empatía y cuándo es una buena idea ponerse en el lugar de otra persona.

Cuando los niños pueden entender el punto de vista de otro niño, es más fácil hacer amigos. Sentirse feliz por los demás cuando sucede algo bueno, o sentirse triste con alguien cuando está afligido, puede hacer que la gente sepa que tú comprendes cómo se siente.

En esta actividad, jugarás un rol con el niño o niña. Si tienes un grupo de niños, puedes incluirlos en el ejercicio.

1. Crea un guion breve o, si el niño o niña está en un nivel avanzado, puedes inventarlo a medida que estudian los siguientes escenarios.

Por ejemplo:

- Una mamá está hablando con su hijo, Billy. Billy ignora a su mamá mientras escucha música.

- Morgan está siendo molestado por Jeff en el patio de la escuela.

- No te invitaron a una fiesta de cumpleaños a la que se invitó a la mayoría de tus compañeros de clase.

- Fuiste elegida de última en la clase de gimnasia para el equipo.

2. Después del ejercicio, discute con el niño o niña las siguientes preguntas:

- ¿Puedes empatizar con el niño en el ejercicio?

- ¿Te ha pasado algo similar? ¿Cómo te hizo sentir?

Bolsa mixta de emociones

Como humanos, a menudo experimentamos más de una emoción a la vez. Un niño puede tener sentimientos encontrados acerca de comenzar en una nueva escuela. Podría estar entusiasmado por hacer nuevos amigos, pero también puede sentirse ansioso por conocer gente nueva. Esta actividad se trata de ayudar a los niños a comprender sus sentimientos encontrados.

Usando una ilustración en esta actividad, los niños aprenderán que está bien tener emociones encontradas. Si las emociones preocupan al niño o niña, puede que esté de acuerdo en hablar con alguien en quien él o ella confía: un maestro, un padre o un cuidador.

Esta actividad también se encuentra en el "Manual de actividades para el autismo: Actividades para ayudar a los niños a comunicarse, hacer amigos y aprender habilidades para la vida".

Qué necesitas:

- Pompones (diferentes colores)

- Un tarro transparente

Pasos:

1. Pídele al niño o niña que asigne un sentimiento a cada color de pompón. Por ejemplo, el azul puede significar frustración y el rojo puede significar enojo.

2. Pídele que etiquete la emoción que siente. Elige el pompón correspondiente y colócalo en el frasco.

3. Dile que continúe agregando pompones a cada emoción diferente que siente. Por ejemplo, si tiene sentimientos encontrados sobre el primer día de clases, podría elegir un pompón azul para tristeza, uno rojo para sentirse ansioso o preocupado y uno verde para emocionado.

4. Mezcla todos los pompones en el frasco y explícale al niño o niña que es normal tener una mezcla de sentimientos.

5. Pregúntale qué emoción es la más grande y dile que agregue más de ese color. Por ejemplo, si el niño se siente ansioso o preocupado por el primer día de clases, pídele que agregue más pompones rojos al frasco.

6. Si el frasco está lleno principalmente de emociones positivas, menciona que está bien sentirse un poco nervioso o triste. Si el frasco está lleno principalmente de emociones negativas, discute con el niño o niña cómo resolver el problema o lidiar con estas emociones.

Alternativa:

Para los niños mayores, puedes diseñar diferentes escenarios. Pídele al niño o niña que imagine cómo sería ser la persona en esos escenarios. Dile que diga cómo podría tener sentimientos encontrados.

Aquí hay algunos ejemplos de escenarios:

- Recibiste un regalo de Navidad, pero no era lo que esperabas.

- Perdiste tu pluma favorita, pero tu amigo te da una pluma nueva.

- Tu tía está de visita por unos días y deberás comportarte de la mejor manera.

Control del comportamiento impulsivo

Mantener la calma en situaciones estresantes y controlar tus impulsos es lo que los niños aprenderán con esta actividad. Con el autocontrol, puedes decidir la mejor manera de actuar en los momentos en que es difícil pensar cuál es la acción correcta cuando se está molesto o enojado. Te detendrás y pensarás en las consecuencias si reaccionas impulsivamente.

Si hay un grupo de estudiantes, puedes representar los siguientes escenarios. O puedes pedirle al niño o niña que imagine cómo sería si tuviera que ejercer el autocontrol en diversas situaciones.

1. Crea una lluvia de ideas sobre diferentes situaciones que el niño o niña ha encontrado y que requieren autocontrol. Siéntete libre de idear situaciones adicionales.

Por ejemplo:

- Tu hermano olvidó cerrar la puerta y tu perro se escapa.

- Tus padres deciden que no puedes tener ese nuevo teléfono celular.

- Repruebas una prueba importante para la que estudiaste mucho.

- Se canceló un viaje que estabas esperando.

2. Si tienes un grupo de estudiantes, pueden estudiar cada situación, o si estás trabajando con solo un niño, puedes pedirle que imagine cómo sería si tuviera que ejercer el autocontrol en cada situación. Pídele que lo represente o que haga un dibujo. Después discútanlo.

CAPÍTULO 5

Escuchando

Escuchar durante una conversación

Los niños con un trastorno del espectro autista pueden tener dificultades para escuchar durante una conversación. O bien piensan en otros temas mientras alguien les habla, o bien pueden tener sus propias ideas sobre cómo hacerse cargo de la conversación. Es vital tener autocontrol y escuchar a la otra persona para tener una buena comunicación bidireccional. Dale a la persona que habla la sensación de que te interesa lo que tiene que decir. Si te comportas como un buen oyente, otros se conectarán contigo más fácilmente.

1. Busca ejemplos de 2 personas en internet (asegúrate de que sean apropiados para la edad del niño o niña) o escribe tus propios guiones de 2 personas que representen a dos niños, uno con habilidades apropiadas para escuchar y otro con habilidades inapropiadas para escuchar. Discutan: ¿Qué guiones muestran a los niños escuchando y teniendo una respuesta adecuada?

2. Léele estas instrucciones al niño o niña sobre cómo actuar cuando escucha a la otra persona hablar:

   - Mira la cara de la otra persona cuando está hablando.

   - Presta atención a lo que dice la otra persona.

   - Cuando la otra persona termine de hablar, puedes demostrar que estabas escuchando al hacer una pregunta sobre lo que dijo o hacer un comentario al respecto.

Añadir a la historia

Es importante escuchar lo que otros dicen antes de hablar. Enséñales a los niños a escuchar atentamente con esta simple actividad de suma de cuentos. Puedes jugar este juego con un niño o niña o hacer que los niños de un grupo jueguen juntos.

1. Comienza una historia. Por ejemplo, puedes comenzar con: «Había una vez un hombre que saltó en una motocicleta…».

2. Pídele al niño o niña que continúe la siguiente parte de la historia con una o dos oraciones. Asegúrate de que la historia sea relevante para las ideas anteriores. Si las historias no coinciden, repite la parte de la historia que se acaba de decir y anímale a continuar la historia con otra idea.

3. Si hay más niños en el grupo, que contribuyan a la historia. Si solo son tú y el niño o niña, tomen turnos para agregar información a la historia.

4. **Bono**: Que el niño o niña haga un breve resumen de lo que sucedió en la historia.

Consejo: Si el niño o niña tiene dificultades para seguir la historia, comienza el juego escribiendo cada parte de la historia en la pantalla de una computadora o tableta.

Siguiendo las instrucciones

Piensa en un momento en que las cosas no salieron bien porque no seguiste las instrucciones. Desde que están en el jardín de niños, las personas deben seguir instrucciones para que la vida transcurra sin problemas. Sin seguir las instrucciones, sería difícil lograr cualquier objetivo. Incluso en un grupo, si una persona no sigue instrucciones, todo el grupo podría verse afectado negativamente.

Usa esta actividad de ensayo para practicar el seguir instrucciones. Comienza la actividad planificando instrucciones a seguir que sean divertidas y simples. Una vez que el niño o niña se haya familiarizado con los pasos, puedes pasar a instrucciones o tareas más serias.

1. Enseña al niño o niña los siguientes pasos sobre el seguimiento de instrucciones para completar una tarea:

   Paso 1: Mira a la persona que da instrucciones.

   Paso 2: Di "está bien" para mostrar que estás de acuerdo.

   Paso 3: Completa la tarea de inmediato.

   Paso 4: Regresa con la persona que te dio las instrucciones.

2. Dale al niño o niña instrucciones simples y pídele que las siga. Tomen turnos y pídele que te dé una serie de instrucciones a seguir. Ten premios sencillos para darle si completa las instrucciones.

3. La próxima vez que le des una instrucción, dile al niño o niña: «Voy a darte una instrucción. ¿Recuerdas los 4 pasos?».

Escuchando reflexivamente

Puede ser difícil para los niños con un trastorno del espectro autista aprender a cómo responder cuando un compañero está molesto por algo. Este ejercicio les enseñará a los niños una forma simple de mostrar empatía hacia un compañero o miembro de la familia.

Por ejemplo, un amigo del niño o niña en la escuela puede llegar molesto una mañana y decir: «Me siento triste porque mi perro murió anoche». Al usar la escucha reflexiva, se le enseñará al niño a repetir lo que su amigo dijo en sus propias palabras: «Estás molesto porque tu perro murió y es una noticia triste». Estas palabras son más útiles que decir: «Puedes conseguir otro perro».

Esta actividad funciona bien si tienes dos niños que puedan formar una pareja para completar esta actividad.

1. Pídeles a los niños que formen parejas. Si eres solo tú, el facilitador, puedes hacer que el niño o niña discuta los siguientes temas:

    - Siento vergüenza porque….

    - Un problema que tengo en casa es....

    - Algo que realmente me molesta en la escuela es...

    - Algo con lo que realmente tengo problemas es…

2. Tomen turnos para expresar una respuesta apropiada usando la escucha reflexiva.

Por ejemplo, si un niño dice: «Algo con lo que realmente tengo problemas es la comunicación», el otro niño puede decir: «Tú tienes problemas con la comunicación» para demostrar que está escuchando.

Defendiéndote

Pensando positivamente

Es muy importante enseñarles a los niños a pensar positivamente. Una de las formas de hacer esto es crear un "Diario de Positividad". Esto hará que el niño o niña piense todo sobre "la "genialidad" en su vida y le ayude a apreciar la bondad que le rodea.

Materiales:

- Diario o cuaderno en blanco

- Colores

- Pegamento

- Opcional: cámara

- Opcional: impresora

1. Pídele a tu niño o niña que cree su propia portada para su diario de positividad. La portada puede incluir fotos de sus dibujos, fotos de revistas o fotografías que ha tomado de sus cosas favoritas.

2. En la primera página, pídele que escriba lo que significa la positividad para él o ella. Es posible que debas explicarle esto para que pueda escribir cosas que realmente le gustan de sí y del mundo que le rodea.

3. Reserva un tiempo cada día o cada dos días (puedes decidir tú cuándo hacer esto) y deja que tu niño o niña escriba lo que sucedió en ese día en particular, lo que "fue increíble". Esto le ayudará a tener pensamientos positivos en lugar de pensamientos negativos.

4. Discute esto con tu niño o niña cada vez que escriba en el diario. Agrega una foto que hayas tomado, o algo de una revista. Esto guiará al niño o niña a pensar positivamente sobre sí y el mundo que le rodea.

Aumento de la autoestima

¿Cómo ayuda a los niños superar los pensamientos negativos y desarrollar la autoestima? Desarrollar la autoestima de un niño o niña le ayudará a tener una opinión saludable de su persona. A medida que el niño o niña crece, la autoestima le permitirá realizar las tareas necesarias y sentir que merece las cosas buenas que le suceden. Este juego es genial para aumentar la confianza, para jugar con muchos niños. Si no tienes un par de amigos cerca, entonces haz esta actividad con tu familia. ¡Que te diviertas!

Qué necesitas:

- Fichas o trozos de papel

- Plumas

- Contenedor

Pasos:

1. Cada persona escribe su nombre en la tarjeta y luego la pone en un tazón.

2. Pídeles a los niños o los miembros de la familia que saquen el nombre de una persona del tazón.

3. Escribe algo bueno sobre la persona nombrada en la tarjeta.

4. Una vez que todos hayan terminado, lee en voz alta lo que otros piensan de ti. Esta es una excelente manera de desarrollar autoestima.

Practicando la asertividad

En esta actividad, le estás mostrando a tu niño o niña a cómo actuar con asertividad sin parecer descortés. Algunos niños con un trastorno del espectro autista simplemente no pueden contener lo que dicen y, a menudo, resultan groseros, incluso si no quieren serlo. Así que, es mejor practicar.

Ser asertivo significa tener confianza en sus propios pensamientos y sentimientos.

1. Pídele al niño o niña que dibuje un autorretrato. Además del autorretrato, que escriba sus comidas favoritas y sus pasatiempos. Si hay otros niños o miembros de la familia en el grupo, pídeles que también completen esta actividad.

2. Explícale al niño o niña que está bien tener intereses y pasatiempos diferentes. Puede sentirse bien acerca de quién es y las diferencias que tiene con sus compañeros o miembros de la familia. Estas diferencias hacen que todos sean únicos, y los diferentes talentos ayudan a contribuir al mundo en que vivimos hoy.

Alternativa:

Otro ejemplo podría ser cuando el niño o niña no está de acuerdo con otro niño; es importante que no ataquen verbalmente. Recuérdales a los niños que todos tienen derecho a sus propias opiniones y que también tienen derecho a expresar su opinión, de una manera amable, sin lastimar los sentimientos de los demás. También puedes recordarles que tienen derecho a su propio espacio personal y a decirles amablemente a los demás: «Por favor, no hagan eso, no me gusta que me golpeen/me hagan cosquillas/pellizquen». Ayúdalos a defenderse de manera positiva. Escribe diferentes frases o dibujos para ayudarles.

Date crédito

Los niños con un trastorno del espectro autista tienden a no darse crédito cuando se debe. Por lo tanto, en esta actividad les vamos a enseñar a crear un banco de crédito que puedan usar cuando lo necesiten para ayudarlos a sentirse bien consigo mismos y lo que han logrado. Esta actividad se trata de ayudar al niño o niña a aprender a sentirse bien con sus contribuciones y logros.

Materiales:

- Un frasco.

- Papel de notas.

- Pluma o lápiz.

Pasos:

1. Comenzarás recordándole a tu niño o niña que cada vez que haga algo realmente bien, cuando haya logrado algo, lo escriba en una hoja de papel y lo ponga en el banco (también conocido como el frasco).

2. A medida que se acostumbra a escuchar cosas positivas sobre sí, comenzará a reconocer sus propios logros, aunque es posible que a veces necesites guiarle.

3. Todos los días pregúntale qué hizo bien ese día y pídele que lo escriba en una nota y lo deposite en el banco.

4. Si está teniendo un mal día, pídele que abra el banco de crédito y eche un vistazo a algunos de sus logros y lo que ha hecho realmente bien. Esto le dará ese impulso tan necesario para sentirse bien consigo.

¿Quién es el agresor?

Es importante ayudar a algunos niños con un trastorno del espectro autista a reconocer a un agresor. Es posible que algunos ni siquiera se den cuenta de que están siendo intimidados y solo lo piensan cuando están siendo lastimados. Incluso pueden pensar que el otro niño está bromeando, o pueden no entender las sutiles normas y señales sociales. Ayuda al niño o niña a comprender que la intimidación puede tener lugar de varias maneras y puede ser dañina física o emocionalmente. En esta actividad te mostraremos cómo ayudarle a reconocer a un agresor.

Aquí hay algunas preguntas que ayudan a los niños a reconocer a los acosadores.

Las primeras dos preguntas deben ser sobre el entorno en el que se encuentra tu niño o niña:

- ¿Cómo estuvo la escuela hoy?

- ¿Alguna vez has visto a alguien ser malo con otra persona dentro de la escuela?

El siguiente conjunto de preguntas para hacerle a tu niño o niña debe relacionarse directamente con su situación:

- ¿Alguna vez has tenido miedo de ir a la escuela?

- ¿Alguna vez alguien ha sido malo contigo en el autobús?

Si responde con un sí a estas preguntas, puedes profundizar un poco más para ayudarle a comprender el comportamiento del acoso escolar:

- ¿Te lastimaron a propósito?

- ¿Ha sucedido esto antes?

- ¿Cómo te hizo sentir?

- ¿Sabía el otro niño que te estaba lastimando?

Si el niño o niña se niega a hablar, puedes hacerle preguntas más abiertas:

- ¿Cómo estuvo el recreo hoy?

- ¿Con quién jugaste en el recreo?

- ¿Puedes decirme por qué te has quedado en casa últimamente?

- ¿Hay niños que se burlan o se ríen de ti?

Dependiendo de las respuestas del niño o niña, puedes guiarle para que comprenda qué es y qué no es acoso escolar o bullying.

Lidiando con el acoso escolar

Cuando los niños son intimidados, pueden sentirse impotentes o humillados. A menudo se sienten solos. La intimidación puede hacer que un niño no quiera ir a la escuela o participe en deportes. Ya sea que el niño experimente bullying o acoso escolar constantemente o que haya tenido que lidiar con acoso escolar recientemente, esta actividad te ayudará a jugar un rol con el niño o niña y mostrarle una forma de lidiar con los agresores.

Lenguaje corporal

Practica una postura segura al pararte derecho y con la cabeza en alto, mostrando una cara triste, una feliz o una valiente. Imagina que te encuentras con un agresor y cambias a una cara valiente. Este lenguaje corporal puede ayudar al niño o niña a ignorar al agresor y a alejarse. Contraatacar a menudo puede empeorar las cosas.

Hablando con el agresor

Practica cómo hablar con un agresor usando animales de peluche o muñecos, y luego con un adulto u otro niño. Deja que tu niño o niña sea quien agrede y luego muéstrale cómo responder hablando con voz fuerte y firme y diciéndole: «No hagas eso» o «No voy a jugar contigo si actúas mal». Lo que hay que entender es que no deben ser malos o agresivos con el agresor, ya que esto puede empeorar las cosas.

Cuéntale a un adulto

Si el hostigamiento no se detiene, enséñale a pedirle ayuda a un adulto de confianza cuando ocurra el ataque. Esto a menudo tiene la tasa de éxito más alta de terminar con el acoso escolar. Un adulto puede hablar con el agresor o sus padres. Si el niño o niña no puede expresarse con el adulto, pídele que escriba una carta explicando sus preocupaciones. Puedes practicar escribiendo una carta simple con tu niño o niña para que sienta seguridad si necesita escribir una.

Lidiando con la presión de los compañeros

Incluso los niños con un trastorno del espectro autista quieren sentir que pertenecen o que son tomados en cuenta en su grupo de compañeros. Aprender a lidiar con la presión de grupo es especialmente importante con los niños que tienen dificultades para hacer amigos o necesitan apoyo adicional para hacerle frente al aislamiento. El deseo de ser querido es un sentimiento típico, pero puede conducir a malas decisiones. Puedes ayudar al niño o niña para lidiar con la presión de grupo. Comienza explicándole el significado de la presión de grupo para que aprenda a reconocerlo cuando ocurra en la escuela o en su grupo.

Usa los siguientes ejemplos para explicar la presión de grupo. Agrega algunos de tus propios escenarios que pueden ser relevantes para la situación del niño o niña.

Buena presión de grupo:

- Aprender un truco genial en el campo de fútbol con un grupo de amigos

- Admirar a alguien por ser un buen deportista

- Animar a los amigos a leer un nuevo libro que todos estén leyendo

Mala presión de grupo:

- Dejar a alguien fuera de las actividades

- Que le pidan que se porte mal con alguien

- Que le pidan que falte a clases

- Que le presionen para robar algo

Actividad:

Representa el siguiente escenario con el niño o niña para que mejore su autoconfianza y comprenda cómo responder a la presión de grupo. Esta preparación le ayudará a evitar las consecuencias negativas que pueden ocurrir con una mala presión de grupo.

- Pídele al niño o niña que no vaya a la clase.

- Escucha lo que dice y luego ayúdale a encontrar una buena respuesta. Oriéntale para que diga: «¿Qué tal si nos encontramos después de la escuela e incluimos a más de nuestros amigos?». Si esto no funciona y la persona sigue diciéndole que tiene que faltar a la clase, entonces enséñale al niño o niña a decir "No" con una voz firme y alejarse.

- También muéstrale cómo detenerse y pensar un poco antes de responder. Pídele que piense en el escenario y cuáles podrían ser algunas de las posibles consecuencias. Si se detiene y piensa en las consecuencias de sus acciones, como meterse en problemas o no saber lo que necesita para un examen si falta a la clase, es menos probable que ceda a la presión negativa de sus compañeros.

CAPÍTULO 7

Resolución de problemas y manejo de conflictos

Puedo lidiar con los conflictos

Los niños se han vuelto cada vez menos expertos en resolver sus problemas y conflictos. Se apresuran a involucrar a los adultos y llaman al otro niño "agresor". Puede haber un momento en que los niños no tengan un adulto presente para ayudar a resolver sus conflictos.

En esta actividad le enseñarás al niño o niña a resolver conflictos.

Materiales:

- Dos muñecos o figuras de acción.

Pasos:

1. Vas a representar diferentes escenarios con tu niño o niña usando los muñecos como accesorios.

2. El primer escenario es donde le pides que imagine que está haciendo la fila para entrar a la clase y te adelantas y empujas a su muñeco. Pídele que actúe lo que haría en ese caso. Si responde empujando también, guíale suavemente hacia una solución alternativa y luego pídele que empuje a tu muñeco. Aquí puedes darle diferentes formas de responder; por ejemplo, decirle amablemente: «No me gusta cuando me empujas así, por favor, detente», o contando hasta diez para calmarse.

3. En el segundo escenario, puedes pedirle al niño o niña que finja que está en el patio de recreo. Tu muñeco dice: «Vete. No quiero jugar contigo». Pregúntale cómo respondería. Ahora deja que le diga lo mismo a tu muñeco y dile que puede alejarse e ir a jugar con otra persona, o ser amable y decir: «Está bien, no hay problema».

4. En el tercer escenario, actúa como que estás jalando su mochila y sus pertenencias caen por todo el piso. Una vez más, deja que le haga lo mismo a tu muñeco. En este caso, puede contar hasta diez o incluso decir: «No me gusta cuando haces eso, ya que hiere mis sentimientos», con una voz amable.

Puedo lidiar con las burlas

Muchos niños con un trastorno del espectro autista no entienden las señales sociales que acompañan a las burlas. Puede que les resulte difícil entender cuándo alguien está bromeando o si están siendo molestados.

Aquí hay un par de ideas sobre cómo lidiar con las burlas que puedes seguir con tu niño o niña:

- Dile que ignore las burlas y no le muestre su molestia a la otra persona, ya que esto podría llevar al bromista a burlarse aún más.

- Enséñale a visualizar que tiene una gran burbuja a su alrededor y que las palabras simplemente rebotan en ella.

- Que diga: «¿Y?», ya que esto demuestra que a tu niño o niña realmente no le importa si le están molestando.

- Enséñale que puede tener sentido del humor al respecto y que nadie es perfecto.

Materiales:

- Dos muñecos o figuras de acción

Pasos:

- Interpreta diferentes tipos de burlas que tu niño o niña podría sufrir y lo que otros niños podrían decirle.

- Tomen turnos para ser el bromista.

- Puedes comenzar al crear un ejemplo acerca de ti diciéndole: «Tu cabello luce chistoso». Escucha lo que dice y presta atención a cómo reacciona. Luego guíale en lo que debe hacer. Debería decir algo como: «Deja de molestarme, no me gusta», con voz firme y alejarse.

- Ahora practica un ejemplo diferente en el que alguien diga: «Tú usas ropa chistosa». Es tu turno de responder. Di con voz firme: «Deja de molestarme, no me gusta». Practica esto hasta que se convierta en una segunda naturaleza.

Controlando el estrés

Como adultos, a menudo vemos la infancia como un tiempo sin estrés, pero nuestros hijos también lo sufren en muchas formas diferentes, ya sea por un examen o por un amigo que no quiere jugar con ellos. No podemos quitarles el estrés a nuestros hijos, pero podemos ayudarlos a lidiar con él de manera saludable. Aquí hay algunas ideas sobre cómo ayudar a tu niño o niña a lidiar con el estrés.

- *Enséñale la respiración abdominal.* Esta es una excelente manera de pedirle a tu niño o niña que se calme y haga una pausa por un tiempo. Dile que se acueste en el suelo y que se cubra el abdomen con las manos. Ahora debe respirar y contar hasta 8 para que pueda sentir su estómago llenándose de aire. Ahora debe contener la respiración y contar hasta dos y luego exhalar lentamente por la boca y la nariz.

- *Muévanse.* Esta es una excelente manera de reducir el estrés. Si ves que tu niño o niña se ha estresado, salgan al aire libre para disfrutar de un buen aire fresco y ejercicio. Los estudios han demostrado que los niños que se mueven más sufren de menos estrés. Asegúrate de que sea algo que disfruten para que no le estreses más. Si les gusta la jardinería o andar en bicicleta, entonces hagan lo que les gusta hacer.

- *Saca tu lado artístico.* Esta es una excelente manera de desviar la atención del estrés y hacer que tus hijos usen su creatividad. Busca algunas revistas, brillantina, pegamento, tijeras, calcomanías y cualquier otra cosa que tengas, y creen un collage o incluso hagan álbumes de recortes.

- *Deja que el niño o niña se abrace.* Esta es una actividad sensorial real que utiliza una presión profunda para ayudar a calmar a la persona. Enséñale a darse un fuerte abrazo cuando sienta estrés. Por supuesto, un gran abrazo de oso de tu parte no va a fallar.

- *Yoga.* Miren algunos videos en Internet y hagan algunos ejercicios de yoga juntos. Si tienes clases de yoga en tu área y tu niño o niña sufre de estrés, puedes inscribirle si lo disfruta. El yoga es una excelente manera de lidiar con el estrés y les enseña a los niños sobre la atención plena.

Lidiando con la ira

Enséñales a los niños a mantener la calma cuando lidien con la ira con esta simple actividad. Esta es una excelente manera de hacer que los niños entiendan lo que los hace sentir enojados, ya que a veces su enojo puede estar enmascarado por otra emoción.

Materiales:

- Papel grande

- Marcadores

- Papel higiénico

- Cubeta con agua

- Cinta adhesiva

Pasos:

1. Pega un trozo de papel al costado de una pared exterior.

2. Pídele a tu niño o niña que escriba o dibuje en papel higiénico las cosas que le hacen enojar. Si no puede pensar en nada, puedes darle pistas como: «Veo que te molestaste con tu amigo el otro día porque no quería compartir. ¿Eso te enoja? ». O quizás: «Me di cuenta de que cuando te dije que no el otro día, te enojaste». Otro ejemplo: «Vi que te enojaste cuando alguien no quiso jugar contigo». Pídele que nombre la emoción que le hizo enojar: preocupación, vergüenza, miedo.

3. Deja que escriba o dibuje en el papel higiénico, con los marcadores, lo que le enoja.

4. Agrega agua al papel higiénico hasta que esté húmedo.

5. Lanza el papel higiénico húmedo sobre el gran trozo de papel en la pared. El niño o niña verá que las palabras o las imágenes simplemente desaparecen a medida que se agota la tinta.

6. Pregúntale cómo se sintió al lanzar su ira contra la pared. Esta es una excelente manera de expresar enojo sin herir los sentimientos de los demás o arremeter. También está entendiendo las emociones detrás del enojo y viendo que puede lidiar con este mientras se mantiene en calma.

Controlando la ira de alguien más

A menudo, los niños se enojan entre ellos y es importante enseñarles las habilidades sociales de poder lidiar con la ira de otra persona hacia ellos. Esto se trata principalmente de escuchar, negociar, así como aprender a mantener la calma y no enojarse. Prueba estas actividades de juego de roles para ayudar a tu niño o niña a lidiar con la ira. Para cada escenario hay dos versiones, la versión original y la versión modificada, que le muestran cómo manejar la situación de manera más efectiva. Asegúrate de discutir cada escenario.

Escenario 1

Versión original

Tú: ¡Oye! Me golpeaste en la espalda.

Niño: Oh, no me di cuenta.

Tú: Realmente duele y estoy enojado contigo.

Niño: Bueno, dije que no me di cuenta.

Versión modificada

Tú: ¡Oye! Me golpeaste en la espalda.

Niño: Oh, no me di cuenta.

Tú: Realmente duele y estoy enojado contigo.

Niño: Lo siento, fue un error. No quise lastimarte.

Escenario 2

Versión original

Tú: Acabo de invitar a tu amigo a mi casa este fin de semana.

Niño: Oye, eso no es justo. Quería que viniera a la mía.

Tú: Bueno, ya está organizado, así que no hay nada que puedas hacer al respecto.

Niño: Estoy tan enojado contigo que ya no quiero ser tu amigo.

Versión modificada

Tú: Acabo de invitar a tu amigo a mi casa este fin de semana.

Niño: Oye, eso no es justo, quería que viniera a la mía.

Tú: Bueno, ya está organizado, lo siento.

Niño: Oye, está bien, puedo hacer arreglos para que venga a verme el próximo fin de semana.

Historias acerca del cambio

Muchos niños con un trastorno del espectro autista no manejan bien los cambios en la rutina. Usa la siguiente idea para ayudarle a acostumbrarse a la idea de que algo nuevo va a suceder. En este ejemplo, utilizaremos una tira cómica para agregar una cita con el médico en el horario del niño o niña.

Materiales:

- Papel

- Lápices para colorear.

Pasos:

1. Usando los lápices de colores, divide un pedazo de papel en cuadrados. Cada cuadrado será parte de una tira cómica.

2. Escribe los diversos escenarios que sucederán cuando el niño o niña haga un viaje para ver al médico. Agrega un escenario diferente a cada cuadrado y pídele que realice un dibujo para cada escenario. Por ejemplo:

   - Salir de la casa a las 3:00 pm.

   - Conducir al consultorio del médico.

   - Esperar en la sala de examen del médico.

   - El médico revisará la presión arterial.

   - El médico escuchará el pecho del niño o niña.

- El médico observará dentro de las orejas del niño o niña.

3. Revisa la tira cómica y háblale sobre cada escenario.

¡Está bien pedir ayuda!

Puede ser difícil para un niño saber cuándo pedir ayuda. Los niños deben comprender que está bien pedir ayuda cuando la necesitan, y no tienen que sentirse avergonzados. Hay algunas situaciones en las que un adulto es la mejor persona para pedir ayuda. ¿Cómo ayudamos a los niños a entender que está bien pedir ayuda? Aquí hay una lista que puedes seguir con tu niño o niña:

1. ¿Tienes un problema?

2. Si es así, ¿sabes cómo resolverlo?

3. Si sabes cómo resolverlo, intenta resolverlo por tu cuenta.

4. Si lo intentaste y no funcionó, es posible que necesites ayuda.

5. Si no sabes cómo resolverlo, también puedes necesitar ayuda.

6. Ahora que has identificado que necesitas la ayuda de alguien, debes pensar en quién es la mejor persona para pedirle ayuda. ¿Es tu maestro? ¿Son tus padres? ¿Es un amigo?

7. Una vez que hayas descubierto quién es la mejor persona para ayudarte, busca a esa persona y pídele ayuda.

8. Si no puedes encontrar a esa persona, piensa en otra que pueda ayudarte. Esa es tu persona de respaldo. Pídele ayuda.

Durante este ejercicio o discusión, pídele al niño o niña que piense en quiénes pueden ser las mejores personas para pedirles ayuda en diferentes situaciones. ¿Tiene problemas con la tarea? Quizás pueda pedirle ayuda a un amigo o a su tutor. ¿Alguien le intimida en la escuela? Tal vez debería buscar la ayuda de un maestro. ¿Se olvidó de escribir cuál es la tarea que tiene que hacer? Puede preguntarle a un compañero de clase. Ayúdale a imaginar diferentes escenarios (realiza un dibujo si es necesario) para ayudarle comprender cómo buscar ayuda de la persona adecuada.

Puedo decir "lo siento"

Es importante que los niños identifiquen las ocasiones en las que disculparse es lo correcto. Disculparse puede ser algo difícil de hacer. Este ejercicio de juego de roles ayudará a los niños a comprender el impacto de sus acciones en los demás y cuándo es el momento de pedir perdón.

Guion de juego de roles:

Tú: Oye, heriste mis sentimientos el otro día cuando no me hablaste.
Niño: Bueno, no quería hablar contigo mientras jugaba con otro amigo
Tú: Si así te sientes, ya no seremos amigos.

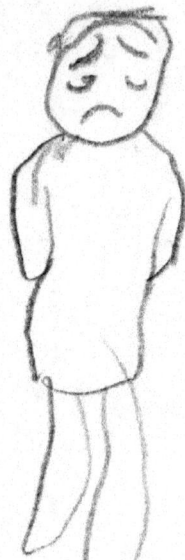

Pregúntale si puede ver cómo esto podría herir los sentimientos de alguien y que las consecuencias de estas acciones podrían significar que puede perder a un amigo. Entonces dale la alternativa.

Tú: Oye, heriste mis sentimientos el otro día cuando no me hablaste.
Niño: Lo siento mucho, no quise hacerlo. Estaba tan ocupado hablando que no me di cuenta. Espero que podamos seguir siendo amigos.
Tu: Sí, por supuesto.

Ahora puede ver que disculparse puede convertir una situación mala en una situación buena. Asegúrate de explicarle que puede tomar un poco de tiempo que alguien lo perdone.

Intenta escribir tus propios guiones para ayudar al niño o niña con situaciones que puedan pasar con familiares o compañeros.

Encontrar el momento adecuado para resolver conflictos

Resolver un conflicto de inmediato no siempre es la mejor solución, y los niños con un trastorno del espectro autista necesitarán un poco de entrenamiento en esta área en términos de cuándo es el mejor momento para resolver el conflicto.

Lleva al niño o niña a través de estos diferentes escenarios y pídele que responda con "sí" o "no" si cree que es un buen momento para resolver el conflicto. Si no es el momento adecuado para resolver el conflicto, ayúdale a pensar cuándo sería un mejor momento para tratar de resolverlo.

- Tuviste una pelea con tu madre porque no te acostaste a tiempo. Ahora todos están muy cansados. ¿Es este un buen momento para resolver un conflicto?

- Tu mejor amigo fue grosero contigo y está rodeado de otros amigos. ¿Es este un buen momento para resolver el conflicto?

- Tuviste una discusión con tu papá justo antes de ir a la escuela y ahora está sentado en la mesa, relajado. ¿Es este un buen momento para resolver el conflicto?

- Tú y tu hermana están discutiendo sobre qué juego deberían jugar. ¿Es este un buen momento para resolver el conflicto?

- Tu hermano ha traído a un par de amigos y todos te están tomando el pelo. ¿Es este un buen momento para resolver el conflicto?

- Tu mamá acaba de regresar del trabajo y está hablando por teléfono. ¿Es este un buen momento para resolver un conflicto?

Mantener la calma al resolver conflictos

Los niños con un trastorno del espectro autista a veces pueden tener problemas para controlar sus emociones. Aprender a mantener la calma al resolver conflictos es un área en la que pudieran necesitar un poco de orientación. Puedes enseñarles a los niños estrategias relajantes para cuando intentan resolver conflictos con sus compañeros, familiares y amigos. Aquí hay algunas técnicas para ayudar a los niños a mantener la calma:

Respiración profunda

Muéstrale a tu niño o niña cómo inhalar muy lentamente por la nariz y contar hasta 5. Luego, exhala por la boca muy lentamente mientras cuentas hasta 5 en tu cabeza. Esta es una gran técnica para mantener a raya la ira.

Visualización

Pídeles a los niños que imaginen algo muy relajante en sus mentes. Quizás estén flotando en el aire o acostados en un prado. Pídeles que piensen en diferentes escenarios relajantes o usen algunos de los siguientes ejemplos:

- Relajarse en la playa.

- Disfrutar de su película favorita.

- Escuchar música relajante.

Enséñales a imaginar un escenario relajante en su mente y luego practiquen una respiración profunda al mismo tiempo. Esto los ayudará a prepararse para resolver un conflicto con calma.

Técnica de robot/muñeco de trapo

Esta es una gran técnica para aliviar la tensión de los músculos del niño o niña cuando se ha enojado o molestado. Indícale que...

- Imagine que es un robot endureciendo todos sus músculos.

- Mantenga la pose del robot contando hasta 15.

- Libere la tensión muscular.

Luego, dile que finja que es un muñeco de trapo. Pídele que mantenga este estado suave y relajado por otros 15 segundos.

Poder hacer concesiones

Cuando los niños con un trastorno del espectro autista aprenden a hacer concesiones, es una habilidad importante que les servirá en los años por venir. Explícale al niño o niña que hacer concesiones no se trata de salirse con la suya, sino de encontrar un punto medio con alguien que quiere cosas diferentes.

Pídele que considere cada una de las declaraciones que se presentan a continuación y te diga qué escenarios son buenos ejemplos para encontrar un punto medio con otras personas. Ayúdale a encontrar mejores soluciones para los escenarios que no muestran necesidad de hacer alguna concesión.

- No quiero ir a tu casa, tal vez puedas venir a la mía.

- Sé que quieres jugar otro juego. ¿Qué tal si terminamos esta ronda y luego jugamos el juego que quieres?

- Sé que quieres ver algo diferente en la televisión. ¿Qué tal si vemos esto por otros 15 minutos y luego puedes ver tu programa?

- Quiero el lápiz rojo ahora. Ve y busca el tuyo.

- No me gustó lo que hiciste, así que no quiero hablar contigo en este momento. Me calmaré y podremos hablar mañana.

- Ese es el último par de rebanadas de pan. Tendrás que encontrar algo más para comer, ya que quiero esto.

Situaciones en las que todos ganan

Cuando hay un conflicto y dos personas quieren hacer cosas diferentes, se debe tratar de encontrar una resolución en la que ambas personas cedan un poco y todos obtengan algo que quieran. Esto se llama una situación en las que todos ganan.

Qué necesitas:

- Encuentra algunas imágenes en Internet que demuestren diferentes conflictos que tienen lugar entre los niños. Extiéndelas en una mesa o en el piso.

- Pluma y papel.

Pasos:

- Escribe soluciones en las que todos ganan en trozos de papel y luego también colócalas en el piso o en una mesa.

- Los ejemplos incluyen lo siguiente:

    o Los dos queremos jugar con el mismo juguete; entonces, ¿qué tal si cada uno elige algo diferente para jugar?

    o Nos estamos insultando, ¿así que por qué no nos detenemos y respiramos para calmarnos y luego podemos comenzar a jugar nuevamente?

    o Ambos queremos ver un programa diferente en la televisión, ¿qué tal si miras el tuyo hoy y yo veré el mío mañana?

    o Ambos queremos jugar un juego diferente; entonces, ¿qué tal si jugamos este juego por 15 minutos más y luego jugamos tu juego?

- o Solo queda un poco de cereal. Puedes tenerlo hoy y le pediré a mamá que traiga más para el desayuno de mañana.

- Ahora pídeles a tus niños que hagan coincidir los escenarios en los que todos ganan con las imágenes que encontraste.

Luchando justamente

Todos los niños pelean, pero nuestro trabajo como padres y cuidadores es ayudarlos a luchar de manera justa. Algunos niños pueden necesitar ayuda para aprender a luchar de manera justa. Insultar a alguien con nombres horribles, por ejemplo, no es una lucha justa. También la violencia física ciertamente no es una lucha justa. Aquí hay algunas ideas para enseñarles a los niños sobre la lucha justa y las reglas del compromiso.

Repasa los siguientes escenarios con el niño o niña y pregúntale si cree que es una pelea justa o no.

- Nos enojamos y atacamos, insultando a alguien.

- Nos enojamos y respiramos y respondemos, explicando con calma lo que queremos.

- Nos enojamos y pellizcamos a alguien.

- Nos enojamos y amenazamos a alguien de que le haremos daño.

- Nos enojamos y describimos cómo nos sentimos y por qué.

- Escuchamos lo que dice la otra persona.

- Cuando la otra persona habla, seguimos interrumpiéndola.

- Hablamos en voz alta y enojada.

4. Hemos escuchado a ambos lados de la historia y estamos de acuerdo en una solución al problema.

133

CAPÍTULO 8

Ser parte de un grupo

Conversaciones telefónicas

En la actualidad, parece que los niños están recibiendo teléfonos celulares a edades más tempranas. Aprender la etiqueta apropiada del teléfono es una habilidad social crítica que los niños pueden practicar desde casa y luego con sus propios teléfonos celulares a medida que crecen.

Esta actividad es una excelente manera de enseñarle a tu niño o niña a tener conversaciones educadas por teléfono con otras personas.

Pasos:

1. Llama a tu niño o niña por teléfono y habla con voz cortés y di: «Hola, ¿cómo estás?».

2. Espera su respuesta y presta atención a cómo responde. Es posible que debas enseñarle a que también te pregunte cómo estás, en lugar de decirte solo "bien".

3. Puedes pasar por diferentes escenarios en el teléfono.

   a. Enséñale a escuchar hasta que termines de hablar.

   b. Enséñale no solo a hacer preguntas, sino también a darte información sobre él o ella.

   c. Pídele que te pregunte qué actividades disfrutas y luego hazle la misma pregunta, mostrándole cómo puede hacer amigos con niños que tienen los mismos intereses.

4. Una vez que el niño o niña haya practicado algunos escenarios contigo, pídele a un miembro de la familia le llame.

Mensajes de texto

¿Tiene el niño o niña la edad suficiente para enviar mensajes de texto a familiares y amigos? Saber cuándo y con qué frecuencia enviar mensajes de texto puede ser una habilidad social difícil de dominar para niños con un trastorno del espectro autista sin alguna orientación. Algunos niños buscan interacciones constantes con sus amigos a través de mensajes de texto, incluso si sus amigos no les contestan.

Para ayudarle a mantener intactas sus amistades, enséñale a enviar mensajes de texto apropiados cuando reciba un mensaje o a dejar de enviar mensajes cuando vea que no ha recibido una respuesta.

Compartir significa mostrar interés

Los niños no saben realmente el valor de compartir hasta que tienen alrededor de 5 años, pero eso no significa que no puedan comenzar antes a modelar comportamientos de intercambio. Aquí hay una gran actividad para presentarles el concepto de compartir a los niños más pequeños.

Qué necesitas:

1. 2 títeres o peluches

2. Lápices y papel.

Pasos:

1. Escribe reglas para compartir en un póster. Por ejemplo, preguntar cuando quieras usar algo. Además, esperar hasta que alguien termine antes de comenzar a usar algo y ayudarse mutuamente.

2. Ahora vas a presentar las reglas para compartir a través de una historia. Puedes crear tu propia historia basada en el programa de televisión favorito del niño, o usar la siguiente historia:

   Sam está jugando con su juguete favorito. Jenny quiere jugar con eso.

   «Sam, ¿puedo jugar con tu juguete?», pregunta Jenny.

   «Estoy jugando con el juguete ahora mismo. Puedes jugar cuando haya terminado», responde Sam. Jenny espera hasta que Sam termine. Sam le entrega el juguete a Jenny y le dice: «Jenny, ya terminé».

   «Gracias, Sam», dice Jenny.

Juego de cooperación con globos

Los niños necesitan aprender a trabajar juntos para tener éxito en la escuela o como parte de cualquier equipo. El juego de cooperación con globos es un gran juego introductorio para demostrar los beneficios de trabajar juntos y cooperar para lograr un objetivo. Este es un gran juego para jugar en familia bajo techo o al aire libre.

Qué necesitas:

Un globo

Pasos:

1. Reúnanse en un círculo juntos y diles a todos que se agarren de las manos.

2. Que alguien lance un globo en el centro del círculo.

3. Todos en el círculo deben mantener el globo en el aire sin usar los pies. Pueden usar cualquier otra parte del cuerpo, como la cabeza, el pecho y los muslos. ¡Pronto verás cómo todos deben moverse juntos para mantener el globo flotando!

4. Una vez que hayan completado la actividad, explícales a los niños que cooperar y trabajar juntos no solo hace que los juegos sean más divertidos, sino que también los ayuda a lograr objetivos juntos, lo que en este caso es mantener el globo flotando en el aire.

Tomando decisiones juntos

Aprender a tomar decisiones en grupo es una habilidad que ayudará a los niños a medida que progresan en la escuela con sus grupos de compañeros. A veces puede ser difícil llegar a un acuerdo en un grupo de personas con ideas diferentes. Los niños con un trastorno del espectro autista pueden necesitar ayuda con la toma de decisiones en un grupo, ya que a menudo están más cómodos en su propio espacio y tomando sus propias decisiones, y no se adaptan fácilmente al trabajo en grupo. En esta actividad, pueden trabajar juntos como familia para llegar a un consenso grupal.

Qué necesitas:

1. Pluma

2. Papel

3. Cronómetro

Pasos

1. Es la temporada de Navidad y hay algo de dinero para gastar en familia, por lo que juntos deben decidir qué hacer con el dinero.

2. Asigna a una persona que escriba notas para el grupo.

3. Cada persona de la familia puede opinar sobre lo que cree que debería hacerse con el dinero. Por ejemplo, una persona podría decir que todos deberían irse de vacaciones. Otro miembro de la familia cree que deberían donar el dinero a una organización benéfica para animales. Otro podría pensar que todos deberían ir y comprar una cosa para cada miembro de la familia. O es posible que otra persona quiera comprar algunos juguetes para una casa hogar para que también otros niños

143

puedan disfrutar de las vacaciones. Pídele a cada miembro de la familia que contribuya con al menos una idea.

4. Para cada sugerencia, cada miembro de la familia debe decir por qué piensa que deberían gastar el dinero de la manera que está sugiriendo. Escribe todas las respuestas.

5. Una vez que todos hayan tomado su turno, lee las notas y deja que todos escuchen.

6. Configura un cronómetro para 15 minutos. Como familia, deben llegar a un acuerdo juntos sobre cómo gastar el dinero de Navidad antes de que se acabe el tiempo.

7. Una vez que hayan alcanzado un acuerdo, pídeles a todos en el grupo que den una breve explicación de por qué es una buena idea, incluso si no fuera la suya.

El juego de los halagos

El juego de los halagos es una gran actividad para enseñarles a los niños de un grupo a apreciarse unos a otros por lo que son, independientemente de sus diferencias. Este juego ayudará a los niños a conocerse mejor. Una vez que hayas practicado este juego en casa, los niños seguirán este ejemplo de comportamiento y comenzarán a encontrar formas de estar juntos en un grupo con otros niños.

Qué necesitas:

- Una bolsa de frijoles o algo más blando para tirarse el uno al otro

Pasos:

1. Siéntense en un círculo como familia y pídele a una persona que le arroje la bolsa de frijoles a otra persona.

2. Cuando la otra persona atrape la bolsa de frijoles, esa persona tiene que decir algo bueno sobre quien le acaba de lanzar la bolsa de frijoles.

3. La persona que atrapó la bolsa de frijoles debe aventarla a otro miembro del grupo. Quien atrape la bolsa de frijoles debe hacer un cumplido o halago a la persona que acaba de arrojarla.

4. Continúa el juego hasta que todos hayan tenido la oportunidad de atrapar la bolsa de frijoles y recibir un cumplido.

Comunicación grupal

Aprender a comunicarse en grupo es una habilidad que puede ayudar a los niños a integrarse más fácilmente en el entorno escolar. Esta actividad de comunicación grupal es una excelente manera de enseñar a los niños con un trastorno del espectro autista sobre el valor de comunicarse en un grupo.

Qué necesitas

1. Bloques de madera o plástico.

Pasos

1. Elige un líder del grupo, el que va a ser el primero en construir. Los otros miembros del grupo trabajarán juntos en esta actividad. Necesitarán la misma cantidad de bloques y los mismos colores que el primer constructor.

2. Nomina a alguien en el grupo para que sea la persona que analizará el trabajo del constructor.

3. El constructor construye una estructura simple con los bloques sin ninguno de los miembros del grupo (durante la primera ronda, recuerda mantener la estructura lo más simple posible, ya que la persona que mirará la estructura deberá recordarla).

4. Una vez que el constructor ha completado la estructura oculta, la persona nominada tiene 30 segundos para mirar la creación y memorizarla.

5. La persona nominada vuelve al grupo y debe describir la estructura en detalle.

6. Luego, el resto del grupo debe trabajar en conjunto para construir lo que se les ha descrito. La persona que vio la creación no puede decir nada ni ayudar al grupo de ninguna manera.

7. Una vez que hayan terminado, todos deben estar de acuerdo con el aspecto que debería tener la creación.

Saber perder

A algunos niños les cuesta perder. No es posible ganarlo todo, por lo que deben aprender a ser buenos perdedores. Aprender a perder manteniendo la calma es una habilidad, como aprender a andar en bicicleta. Es posible que muchos niños con un trastorno del espectro autista no puedan hacerlo al principio, pero con el tiempo les será más fácil. Con esta actividad de juego de roles, puedes mostrarles a los niños lo que significa ser un buen perdedor.

Qué necesitas

1. 2 muñecos o figuras de acción.

Pasos

1. Imagina que estás jugando un juego de pelota y ganas. Observa cuál es la reacción del niño o niña al perder el juego de pelota.

2. Repite el juego de pelota y pídele al niño o niña que te felicite por ganar el juego.

3. Luego, juega el juego de pelota y permite que el niño o niña gane. Muéstrale a cómo no alardear por haber ganado y a mostrar respeto por el otro jugador que ha perdido diciéndole algo como: «Está bien, siempre hay una próxima vez y jugaste bien».

4. Recuérdale también que si está jugando un juego real, deberá respetar a los otros jugadores y al árbitro, así como alentar a los jugadores menos hábiles.

5. Cuando estás haciendo la actividad de juego de roles, si el niño o niña demuestra una buena actitud al perder, asegúrate de decírselo.

Aceptando las diferencias

Todos tienen diferentes fortalezas y habilidades. Esta actividad es una excelente manera de enseñar a los niños a respetar y celebrar las diferencias en todas las personas

1. Imprime una serie de imágenes de Internet de personas de diferentes culturas.

2. Encuentra algunos datos interesantes sobre cada cultura y crea pequeñas tarjetas con estos datos.

3. Muéstrales a los niños las diferentes imágenes y todas las tarjetas de datos diferentes.

4. Pídeles a los niños que relacionen los hechos con las imágenes.

5. Una vez que los niños hayan hecho coincidir las imágenes con los hechos correctos, discutan los datos interesantes sobre ellos.

6. Habla con los niños sobre la inclusión y la aceptación de las diferencias.

Contando historias

Puede ser difícil para muchos niños con un trastorno del espectro autista el permanecer en un solo tema cuando tienen una conversación. Esta actividad los ayudará a contar historias mientras se mantienen en el tema. Esta actividad funciona bien con dos o más niños.

Qué necesitas:

1. Lápices

2. Papel

Pasos

1. Haz dibujos de diferentes emociones en trozos de papel y ponlos boca abajo sobre la mesa.

2. Todos los jugadores decidirán qué elementos incluir en la historia; por ejemplo, un oso, un país mágico de hadas o lo que sea que se les ocurra.

3. Pídele a uno de los niños que tome una tarjeta y comience a contar una historia que incorpore en la narración la emoción escrita en la tarjeta.

4. El próximo niño continuará la historia levantando otra tarjeta de emoción e incorporando esa emoción en la narración.

5. Pídeles a los niños que continúen turnándose hasta que hayan agotado todas las tarjetas de emociones y hayan llegado a una conclusión satisfactoria de la historia.

Agradecimientos

Este libro no podría haber sido una realidad sin el apoyo de muchas personas.

Primero, debo agradecer a todos los invitados del podcast llamado "The Autism Show", especialmente a aquellos que se tomaron el tiempo para apoyar y revisar el manuscrito.

J.A. Tan, gracias por compartir tu obra de arte y tus maravillosos dibujos que ayudan a agregarles un componente visual adicional a las actividades de este manual. Zelie, gracias por tu disposición a colaborar en este proyecto.

Gracias a todos los que apoyaron, compraron y leyeron mi primer libro, *The Autism Activities Handbook*. Este libro no hubiera sido una realidad sin ustedes.

Acerca de la autora

Catherine Pascuas es una de las autoras con más ventas por su libro *The Autism Activities Handbook*. Ella incorpora su conocimiento de los nueve años que pasó trabajando individualmente con niños y consultando con familias usando el análisis de comportamiento aplicado, SCERTS y la terapia de juego. Ocasionalmente presenta talleres sobre autismo.

Catherine también es productora y presentadora del podcast "The Autism Show", un programa semanal de entrevistas con expertos en autismo y creadores de cambios (incluidos Temple Grandin, Areva Martin y Tania Marshall).

Catherine vive en Vancouver y tiene un familiar con un trastorno del espectro autista.

Acerca del ilustrador

J.A. Tan se describe a sí mismo como un artista con autismo. Completó su licenciatura en Bellas Artes en la Universidad Emily Carr de Arte y Diseño. Trabaja como artista visual con sede en Vancouver, montando un par de exposiciones individuales y participando en exposiciones grupales en Londres, Reino Unido, Beijing, China, Miami, Florida, California, Nueva York y Filipinas.

J.A. también se ha encargado de crear piezas para hogares y oficinas. Forma parte de un exclusivo club de artistas que han diseñado sellos para las Naciones Unidas. Su obra de arte fue emitida como un sello de la ONU para la Conciencia del Autismo para el 2 de abril del 2012.

Diagnosticado con autismo antes de su tercer cumpleaños, su objetivo es mostrar a través del arte cómo funciona su mente.

De su arte dice:

"Me di cuenta de que siempre he usado el arte como una forma de ayudarme a expresar mis pensamientos, sentimientos e ideas. Considero que es una parte integral de mi existencia, ya que cada trabajo es un viaje personal de mí mismo, conmigo mismo y con el mundo, trayendo un sentimiento de paz y felicidad ya que las cosas

se vuelven más claras para mí a través de los dibujos y las imágenes visuales que tengo ante mí.

Enfrentando la vida cotidiana como un artista desafiado por el autismo, me esfuerzo por hacer una diferencia en el mundo. A través de mi trabajo, espero hacer que el mundo sea menos misterioso y menos aterrador para todos. Espero poder crear imágenes de cómo alguien como yo piensa, siente e interactúa".

www.artofjatan.com
artofjatan@gmail.com

Más manuales sobre el Autismo

El manual de actividades para el autismo: Actividades para ayudar a los niños a comunicarse, hacer amigos y aprender habilidades para la vida

Disponible como libro electrónico y libro impreso.
www.AutismHandbooks.com